So einfach spielst du bambinoLÜK:

Öffne das bambinoLÜK-Lösungsgerät und lege es auf dein aufgeschlagenes bambinoLÜK-Heft. Lege die sechs Plättchen mit den Symbolen nach oben auf die Aufgaben mit den gleichen Symbolen, also das Plättchen mit dem roten Symbol Haus auf die Aufgabe mit dem roten Symbol Haus oben links in der Ecke. Wenn die Plättchen auf den Aufgaben liegen, nimmst du das Plättchen mit dem Symbol Haus und siehst dir die Aufgabe an, auf der das Plättchen lag. Welches Bild auf der unteren Seite passt wohl dazu? Lege das Plättchen auf dieses passende Bild. Mach es ebenso mit den anderen fünf Plättchen und Aufgaben. Schließe dann das bambinoLÜK-Lösungsgerät und drehe es nach oben um. Jetzt siehst du das bei der Übung abgebildete Lösungsmuster.

Alles richtig?

Und nun viel Spaß!

Die Spielanleitung

Georg-Westermann-Allee 66, 38104 Braunschweig, service@westermann.de

Illustrationen: Ina Mertens, Steffi Krohmann
Druck und Verarbeitung: Interak
7. Auflage 2026 ISBN 978-3-8377-**7504**-4

1 Finde denselben Baustein!

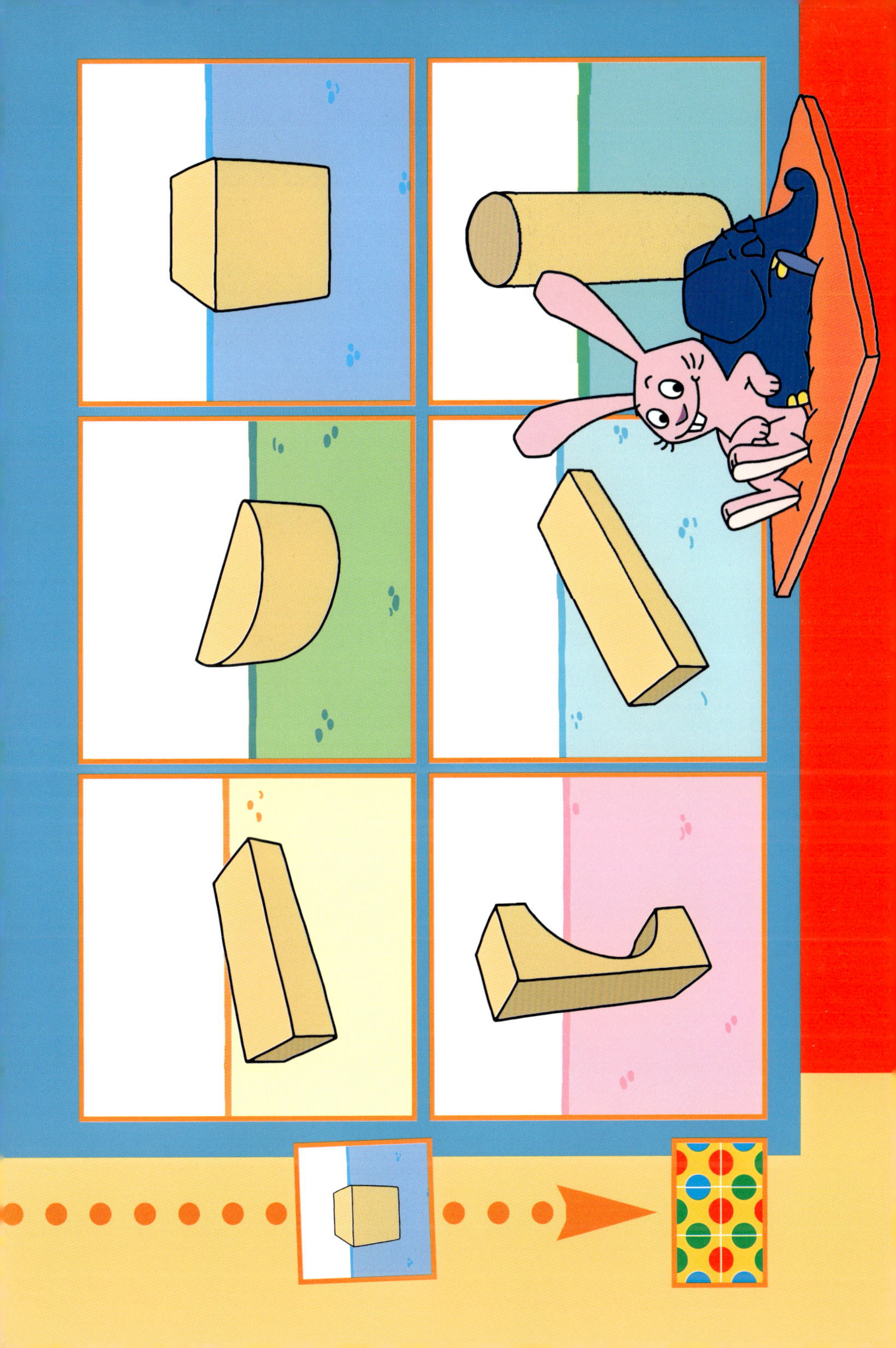

2 Setze die Bausteine richtig zusammen!

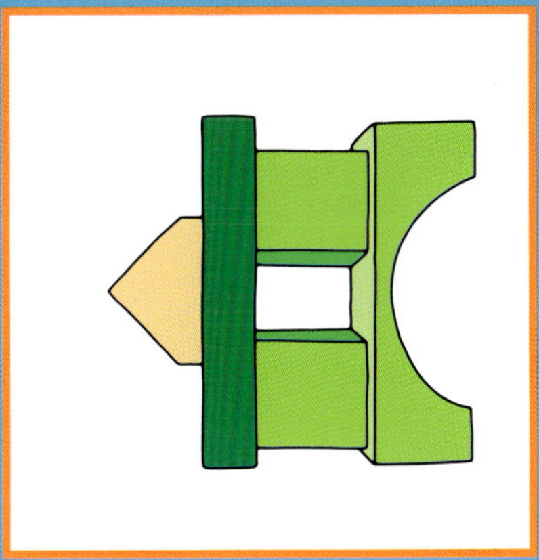
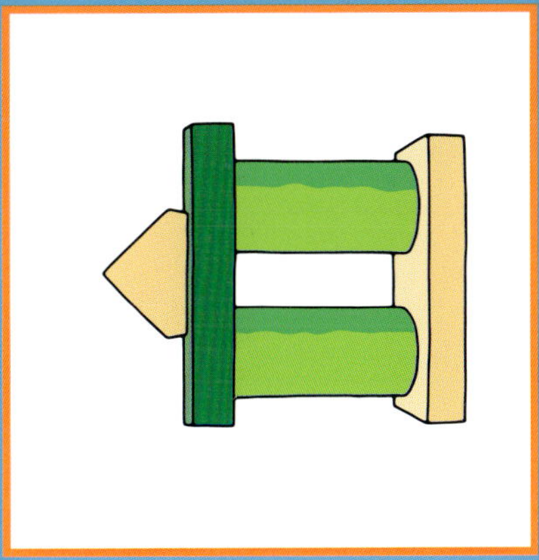

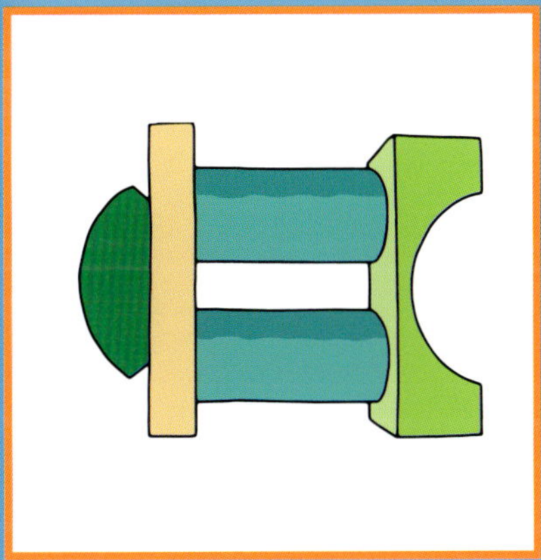

3 Welcher Spielstein fehlt in der Reihe?

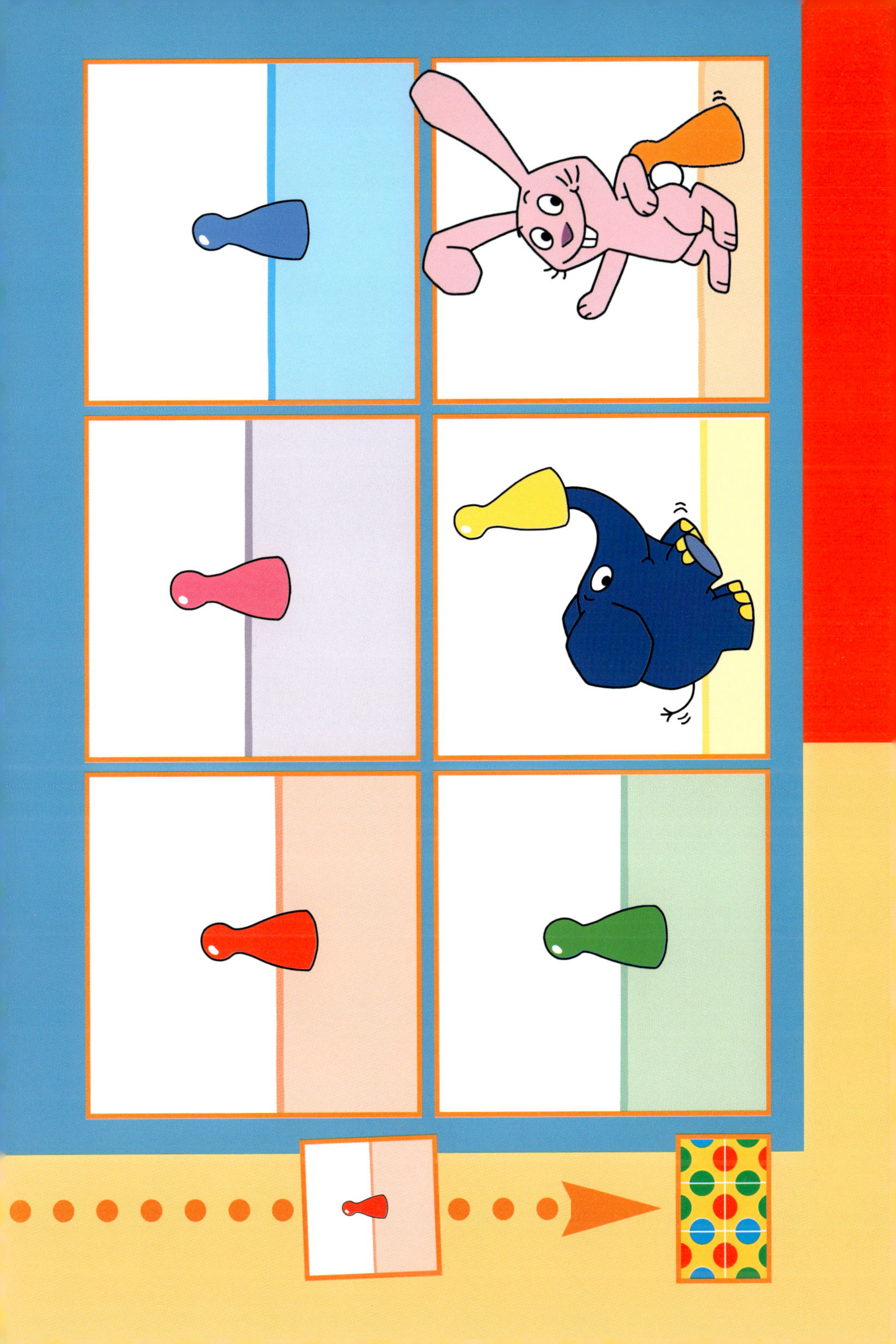

4 Ordne den Spielsteinen die Punkte zu!

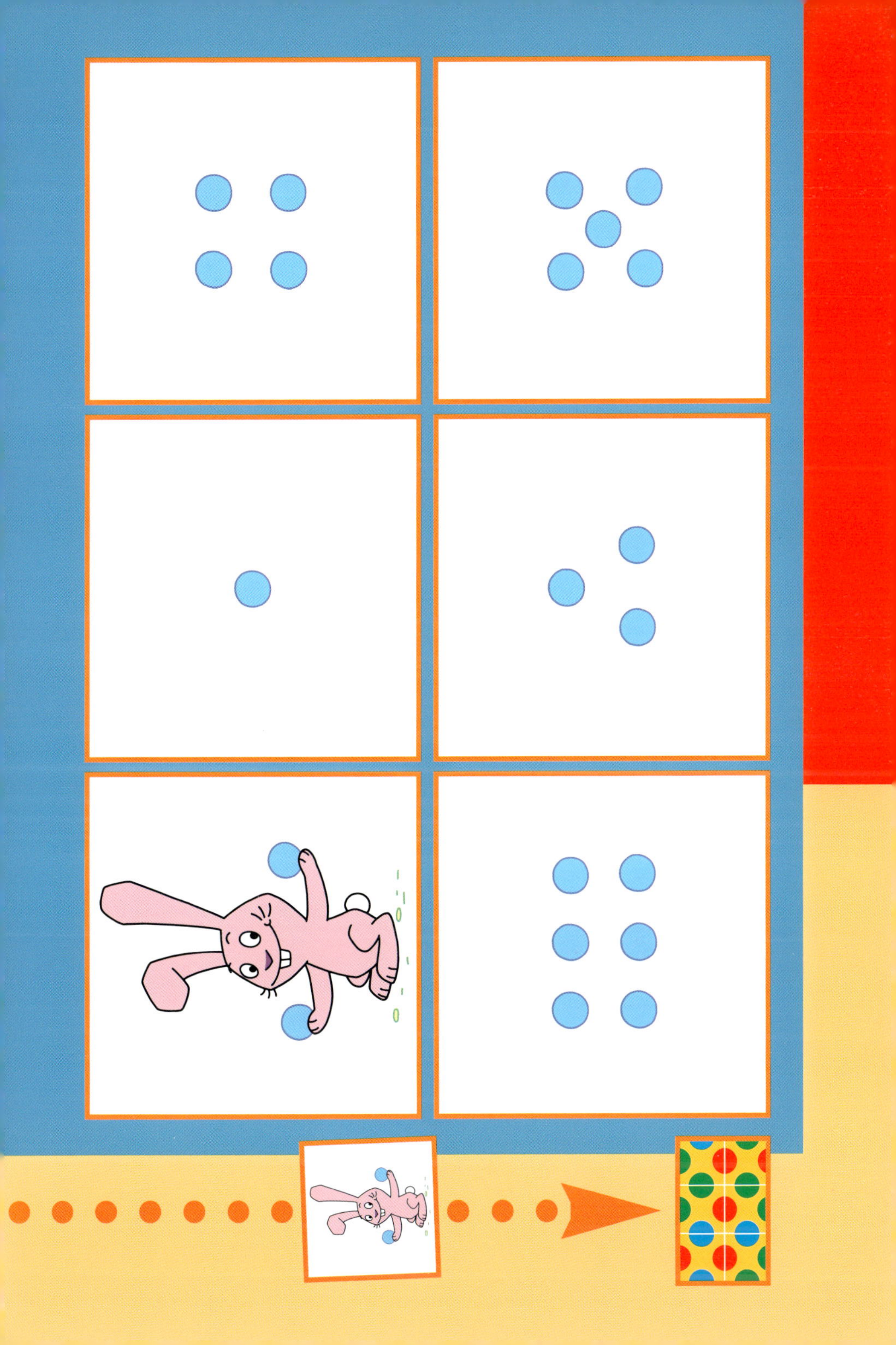

5 Finde das Papier mit demselben Muster!

6 Welcher Ball ist in der Verpackung?

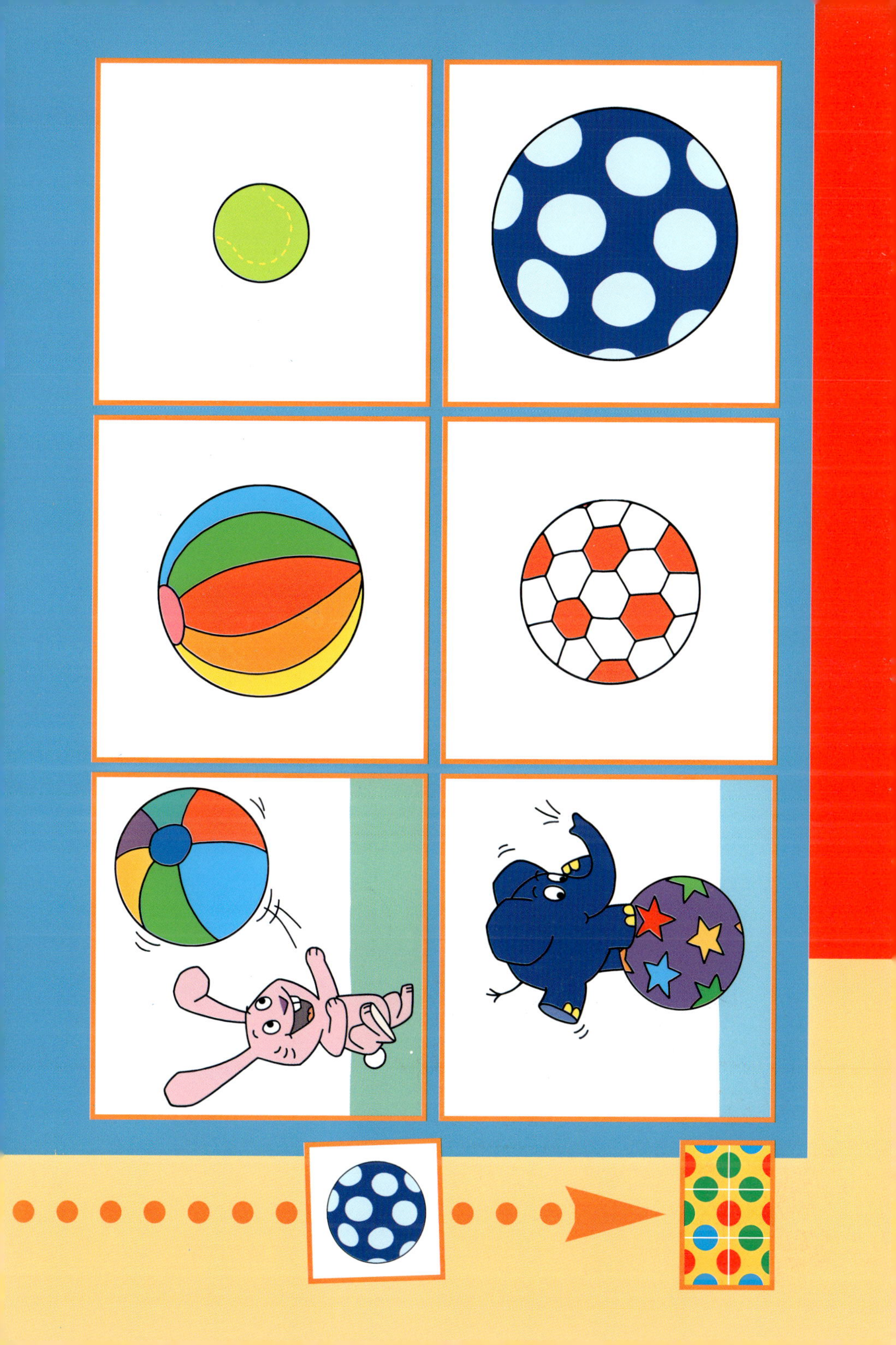

7 Ordne die Bälle richtig zu!

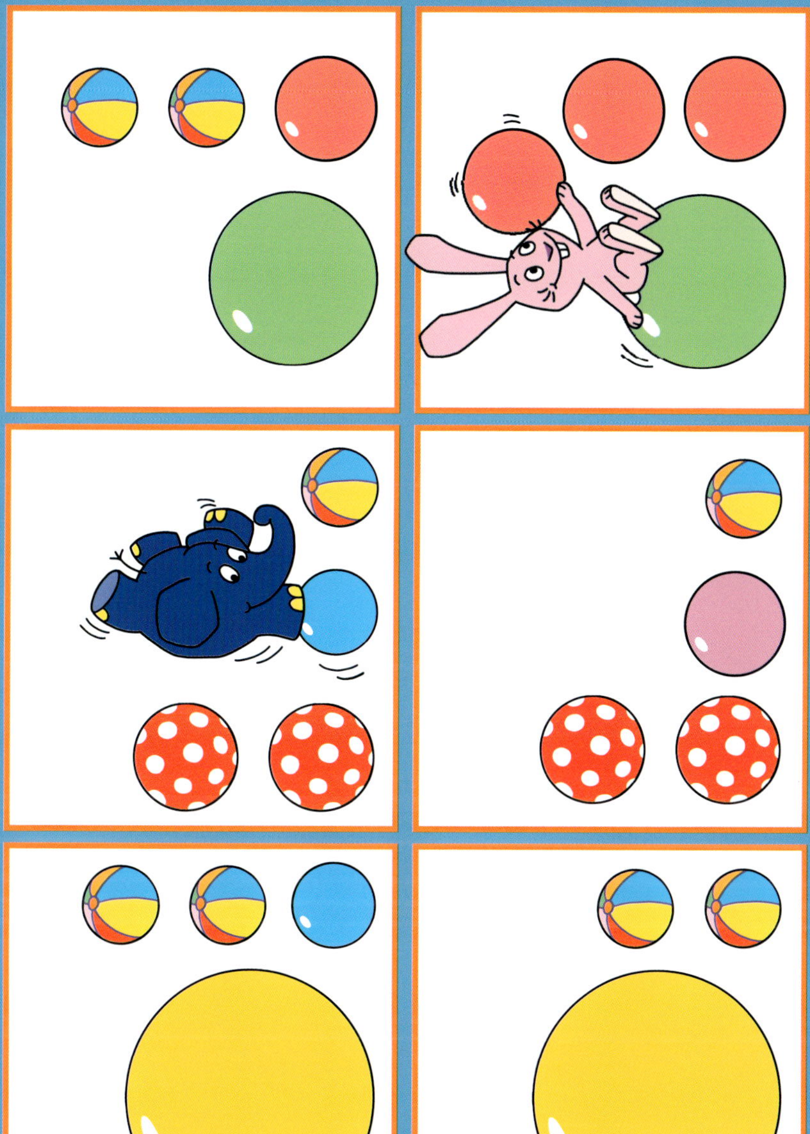

8 Welcher Stein fehlt?

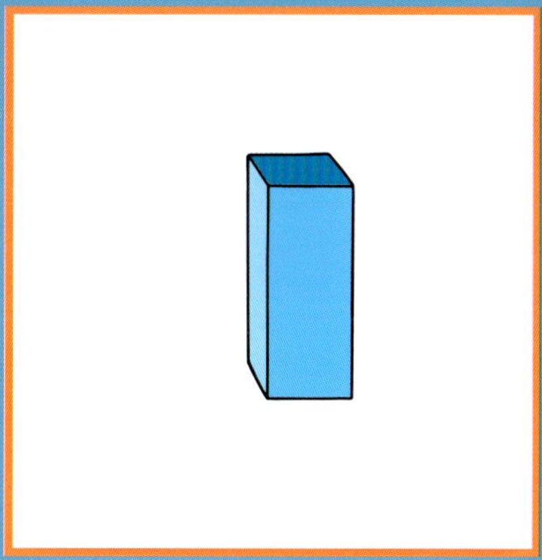
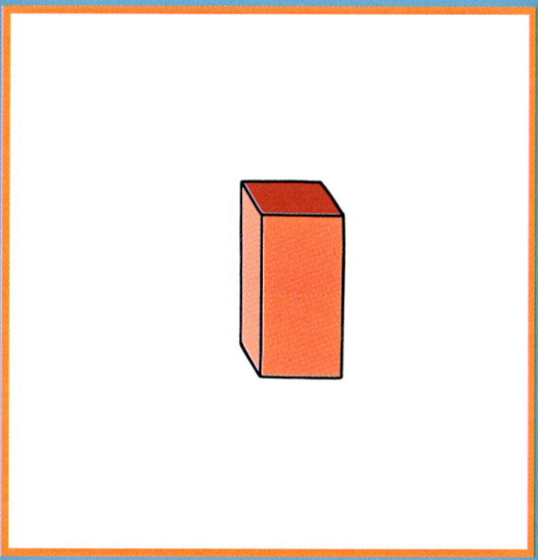
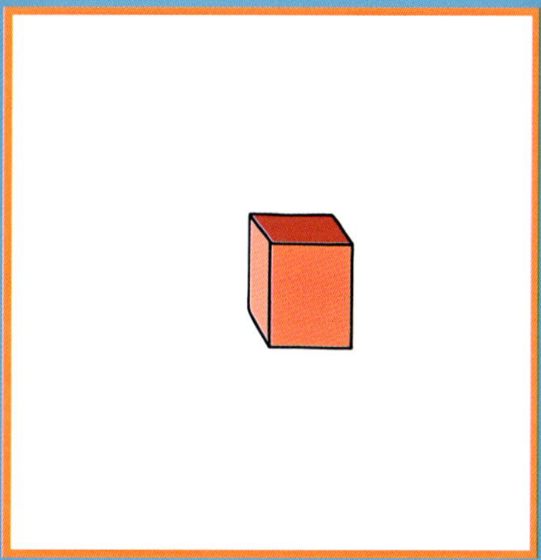
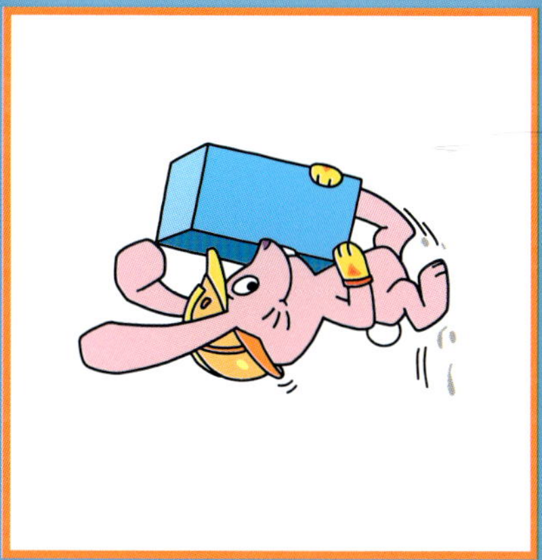
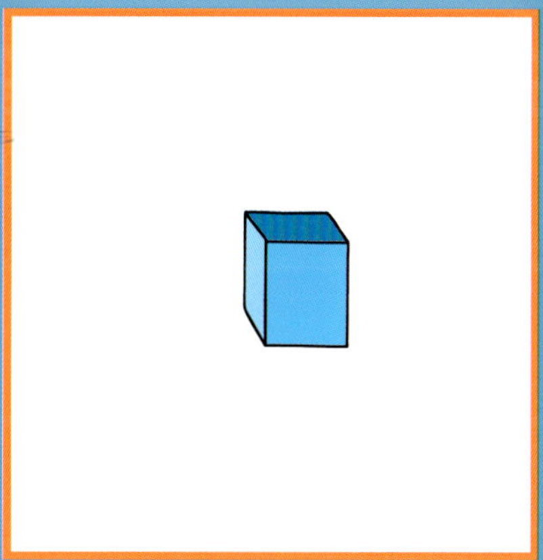

9 Und welcher Stein fehlt hier?

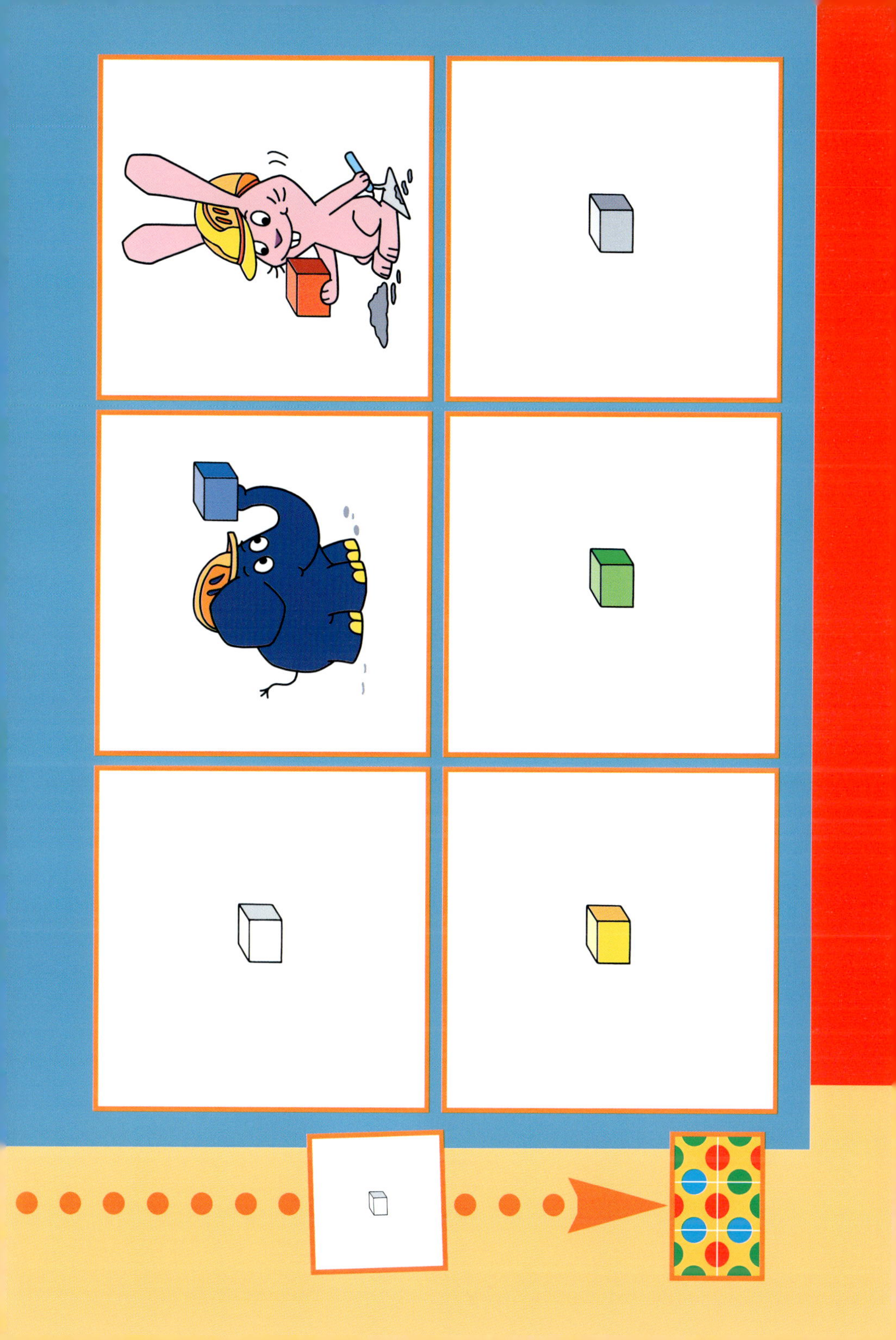

10 Finde die passenden Spielkarten!

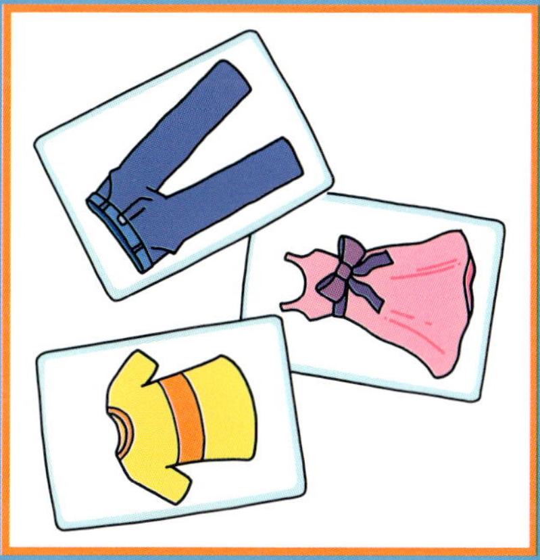
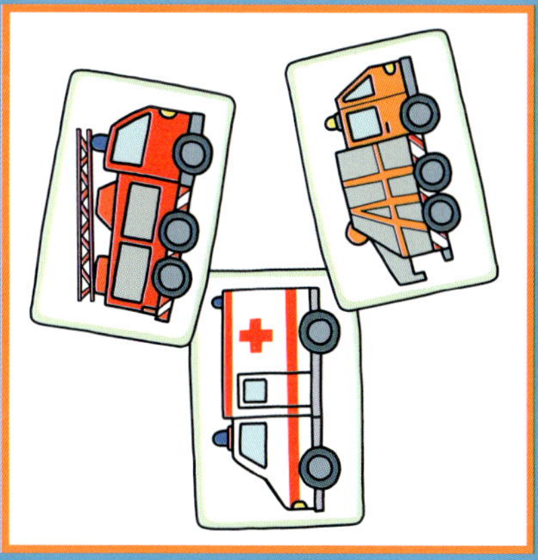

11 Aus wie vielen Karten besteht das Kartenhaus?

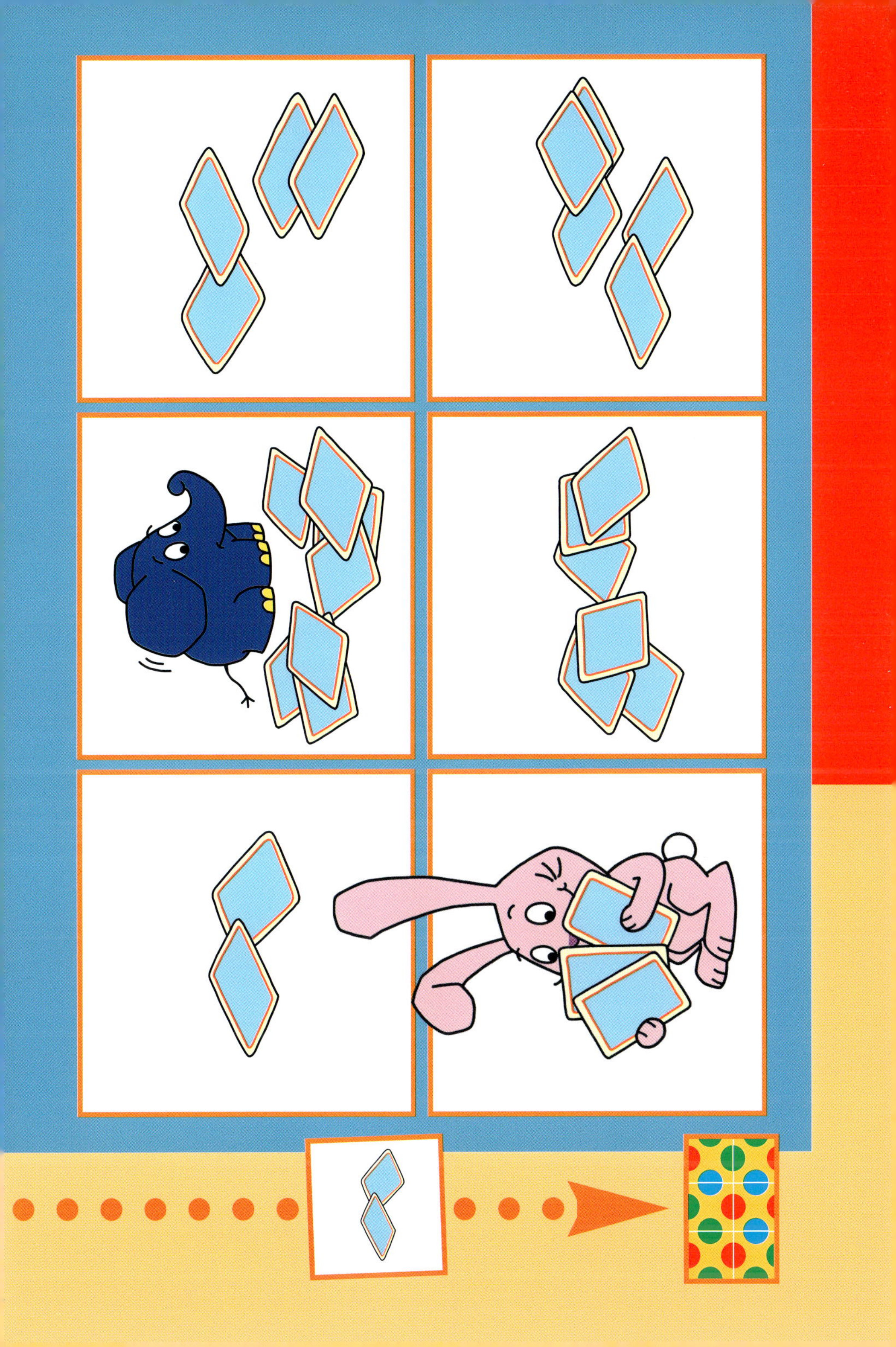

Inhalt

Die Kinder müssen genau beobachten, vergleichen und zuordnen, um die Übungen zu lösen.
Durch die aufmerksame Mitarbeit wird ihre allgemeine Konzentrationsfähigkeit nachhaltig gestärkt und weiterentwickelt.